知《し》ってほしい、この名《めい》言《げん》

～大《たい》切《せつ》にしたい言《こと》葉《ば》～

② ピンチをチャンスに変《か》える名言《めいげん》

はじめに

あなたが、なにかひとつのことに一生懸命《いっしょうけんめい》に取《と》り組《く》んでいるとき、突然《とつぜん》、目《め》の前《まえ》に困《こん》難《なん》が立《た》ちはだかることもあるでしょう。それは時《とき》として、あなたをピンチに追《お》い込《こ》みます。そして、目《め》の前《まえ》が真《ま》っ暗《くら》に感《かん》じることもあるでしょう。

でも、そこで立《た》ち止《ど》まり、一度《いちど》、顔《かお》を上《あ》げてみましょう。暗《くら》やみを感《かん》じるからこそ、そこに瞬《また》く星空《ほしぞら》に、かすかな光《ひかり》に美《うつく》しさを感《かん》じるのです。私《わたし》たちは、暗《くら》やみというピンチを知《し》るからこそ、そこに瞬《また》くかすかな希望《きぼう》やチャンスに気《き》づくことができるのかもしれません。

この本《ほん》には、ピンチと向《む》き合《あ》い、チャンスに変《か》えてきた経験《けいけん》から生《う》まれた言葉《ことば》が紹介《しょうかい》されています。それらはきっと、今《いま》のあなたを勇気《ゆうき》づけてくれることでしょう。

さあ、ページを開《ひら》き、今度《こんど》はあなたがそれらの言葉《ことば》ひとつひとつと出合《であ》う番《ばん》です。

あなたのピンチが、あなたのチャンスに変《か》わるきっかけになるといいですね。

筑波《つくば》大学《だいがく》附属《ふぞく》小学校《しょうがっこう》国語科《こくごか》教諭《きょうゆ》
白坂《しらさか》洋一《よういち》

目《もく》次《じ》

＊この本で紹介している言葉には出典先を明記しておりますが、わかりやすくするために要約しているものも含まれます。
＊情報は2023年10月末現在のものです。

夢《ゆめ》見《み》る力《ちから》は、才能《さいのう》

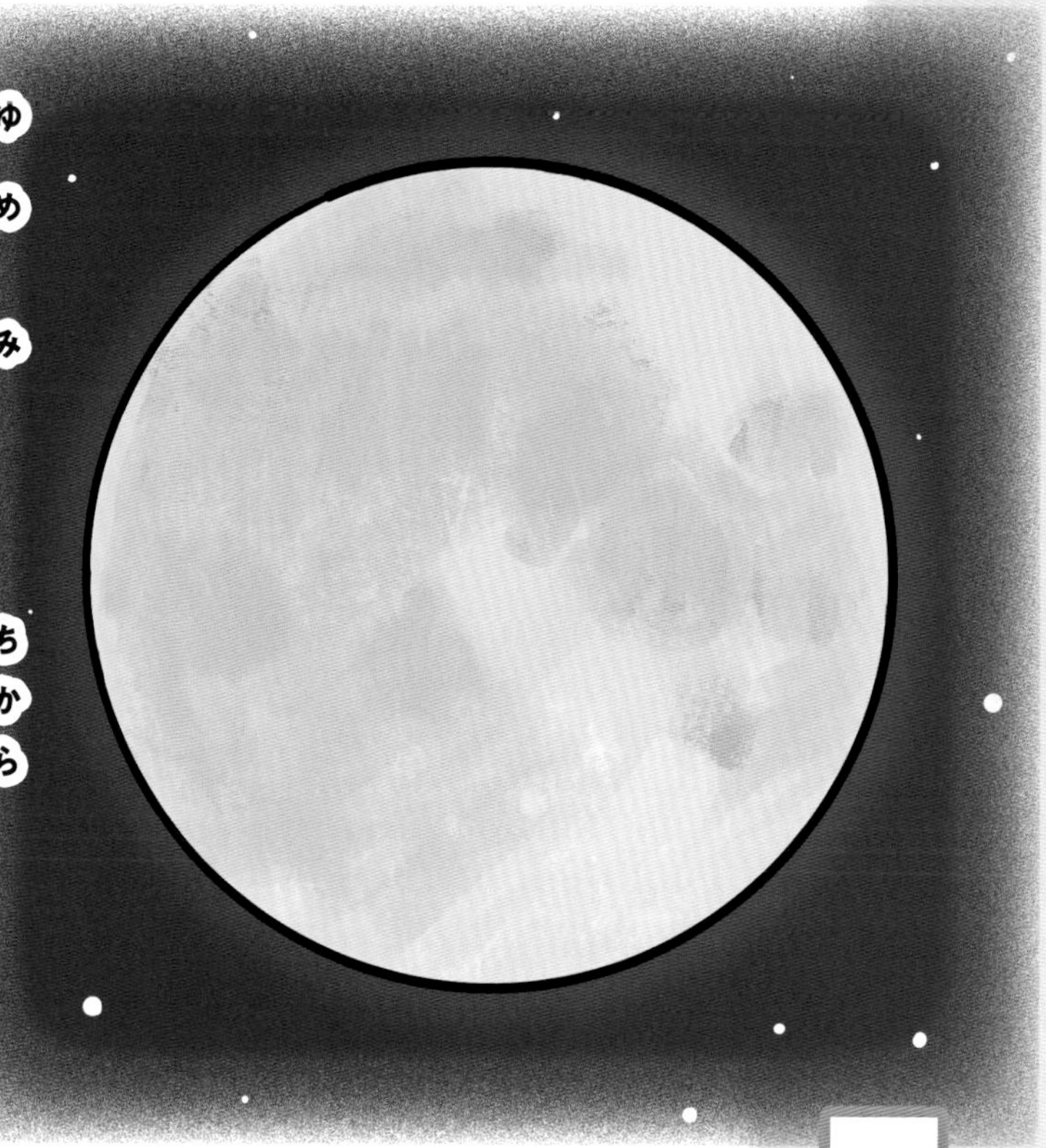

夢《ゆめ》を抱《いだ》いてチャレンジするからこそ「成功《せいこう》」は、やってくるんだね。

大人気《だいにんき》！ 青春《せいしゅん》ミステリー作家《さっか》
辻村深月《つじむらみづき》

夢《ゆめ》を見続《みつづ》けるエネルギーを持《も》つことが大事《だいじ》

『鍵《かぎ》のない夢《ゆめ》を見《み》る』という短編小説集《たんぺんしょうせつしゅう》の中《なか》の『芹《せり》葉大学《ばだいがく》の夢《ゆめ》と殺人《さつじん》』に出《で》てくる言葉《ことば》です。この後《あと》には「夢《ゆめ》を見《み》るのは、無条件《むじょうけん》に正《ただ》しさを信《しん》じることができる者《もの》だけに許《ゆる》された特権《とっけん》だ。疑《うたが》いなく、正《ただ》しさを信《しん》じること。その正《ただ》しさを自分《じぶん》に強《し》いることだ。」と続《つづ》きます。お話《はなし》では、夢《ゆめ》を持《も》ってそれを追《お》い続《つづ》けている恋人《こいびと》を応援《おうえん》したい気持《きも》ちが悲劇《ひげき》を招《まね》いてしまいます。

しかし、この言葉自体《ことばじたい》は「夢《ゆめ》」を肯定的《こうていてき》にとらえています。何度《なんど》も失敗《しっぱい》を経験《けいけん》すると、多《おお》くの人《ひと》は夢《ゆめ》は実現《じつげん》しないものとあきらめてしまいます。夢《ゆめ》を見続《みつづ》けるエネルギーを持《も》っている人《ひと》は、選《えら》ばれた人《ひと》なのかもしれません。

鍵のない夢を見る
辻村深月

プロフィール

学生《がくせい》を主人公《しゅじんこう》とした青春《せいしゅん》ミステリーや、孤独感《こどくかん》のただよう作品《さくひん》が多《おお》く、若者《わかもの》の微妙《びみょう》な心情《しんじょう》や思春期独特《ししゅんきどくとく》の揺《ゆ》れ動《うご》く気持《きも》ちを透明感《とうめいかん》のある文章《ぶんしょう》で描《えが》く。映画化《えいがか》・ドラマ化《か》など映像化《えいぞうか》された小説《しょうせつ》も数多《かずおお》い。

1980年《ねん》 山梨県《やまなしけん》で生《う》まれる。

2004年《ねん》 『冷《つめ》たい校舎《こうしゃ》の時《とき》は止《と》まる』でメフィスト賞《しょう》を受賞《じゅしょう》しデビュー。

2011年《ねん》 『ツナグ』で吉川英治《よしかわえいじ》文学新人賞受賞《ぶんがくしんじんしょうじゅしょう》。

2012年《ねん》 『鍵《かぎ》のない夢《ゆめ》を見《み》る』で直木賞《なおきしょう》を受賞《じゅしょう》。

2018年《ねん》 『かがみの孤城《こじょう》』で本屋《ほんや》大賞受賞《たいしょうじゅしょう》。

出典《しゅってん》：『鍵《かぎ》のない夢《ゆみ》を見《み》る』（文藝春秋《ぶんげいしゅんじゅう》）

高《たか》く飛《と》ぶためには思《おも》いっきり低《ひく》くかがむ必要《ひつよう》があるのです

一番《いちばん》つらいときは、そのつらさを克服《こくふく》できる一歩手前《いっぽてまえ》だよ。もうダメだと思《おも》っても、もうひとふんばりしてみよう。

iPS細胞《さいぼう》の作製《さくせい》に成功《せいこう》し、ノーベル生理学《せいりがく》・医学賞《いがくしょう》を受賞《じゅしょう》した

山中伸弥《やまなかしんや》

いつ結果《けっか》が出《で》るなんてわからない。夢《ゆめ》のために努力《どりょく》を続《つづ》けよう

高《たか》く飛《と》ぶ姿《すがた》はよく目立《めだ》ちます。でも実《じつ》は、その人《ひと》は飛《と》び上《あ》がる前《まえ》に低《ひく》くかがんでいるのです。ノーベル賞《しょう》を受賞《じゅしょう》した山中《やまなか》さんも、研修医時《けんしゅういじ》代《だい》には手術《しゅじゅつ》の手際《てぎわ》の悪《わる》さで「ジャマナカ」とバカにされ、研究者《けんきゅうしゃ》の道《みち》に進《すす》んでからもその研究《けんきゅう》が日《ひ》の目《め》を見《み》ず、研究《けんきゅう》をやめる直前《ちょくぜん》まで追《お》い込《こ》まれました。それでも、失敗《しっぱい》を怖《おそ》れずに泥臭《どろくさ》くコツコツと研究《けんきゅう》を続《つづ》けた結果《けっか》、iPS細胞《さいぼう》を作《つく》ることに成功《せいこう》したのです。

プロフィール

重症《じゅうしょう》のリウマチ患者《かんじゃ》の担当《たんとう》をきっかけに研究者《けんきゅうしゃ》に転身《てんしん》。病気《びょうき》やけがで失《な》くなってしまった体《からだ》の一部《いちぶ》やその機能《きのう》を回復《かいふく》させることができたり、新《あたら》しい薬《くすり》を作《つく》ることにも役立《やくだ》てられる、人工多能性幹細胞《じんこうたのうせいかんさいぼう》(iPS細胞《さいぼう》)の作製技術《さくせいぎじゅつ》を確立《かくりつ》した。

1962年《ねん》　大阪府《おおさかふ》で生《う》まれる。
1989年《ねん》　大阪市立大学大学院《おおさかしりつだいがくだいがくいん》に入学《にゅうがく》し、研究者《けんきゅうしゃ》の道《みち》へ。
2006年《ねん》　マウスの皮膚細胞《ひふさいぼう》からiPS細胞《さいぼう》の作製《さくせい》に成功《せいこう》。
2007年《ねん》　ヒトの皮膚細胞《ひふさいぼう》からiPS細胞《さいぼう》の作製《さくせい》に成功《せいこう》。
2010年《ねん》　京都大学《きょうとだいがく》iPS細胞研究所所長《さいぼうけんきゅうしょしょちょう》となる。
2012年《ねん》　ノーベル生理学《せいりがく》・医学賞《いがくしょう》を受賞《じゅしょう》。

出典《しゅってん》:『山中伸弥先生《やまなかしんやせんせい》に、人生《じんせい》とiPS細胞《さいぼう》について聞《き》いてみた』山中伸弥《やまなかしんや》・緑慎也《みどりしんや》 著《ちょ》(講談社《こうだんしゃ》)

身《み》の程《ほど》を知《し》り過《す》ぎず、自《じ》分《ぶん》で自《じ》分《ぶん》にブレーキをかけない

「珍獣《ちんじゅう》ハンター」でブレイクした イモトアヤコ

自《じ》分《ぶん》で自《じ》分《ぶん》をできないと思《おも》うなんてもったいないよ

「身《み》の程《ほど》を知《し》る」というのは、言《い》い換《か》えると「自《じ》分《ぶん》の限《げん》界《かい》を自《じ》分《ぶん》で決《き》めてしまう」ということです。限《げん》界《かい》が見《み》えれば、行《こう》動《どう》を制《せい》限《げん》してしまいます。

イモトさんは世《せ》界《かい》中《じゅう》のロケ現《げん》場《ば》で、さまざまなことをやってみてほしいとリクエストされます。そんなときは「わからないけど、やってみます」と答《こた》えます。「2回《かい》目《め》からは断《ことわ》ってもいい。でも、必《かな》ず1回《かい》はやってみる」と思《おも》っているからです。できるかできないかは、1回《かい》やってみないとわからないのです。

とりあえずやってみよう。たとえ失《しっ》敗《ぱい》してもそれは無《む》駄《だ》じゃなく、貴《き》重《ちょう》な経《けい》験《けん》になるから。

プロフィール

番《ばん》組《ぐみ》のロケのために1年《ねん》の半《はん》分《ぶん》以《い》上《じょう》を海《かい》外《がい》で過《す》ごし、世《せ》界《かい》100か国《こく》以《い》上《じょう》をまわる。登《と》山《ざん》経《けい》験《けん》0ながら、番《ばん》組《ぐみ》企《き》画《かく》で数《かず》々《かず》の世《せ》界《かい》の名《めい》峰《ほう》に登《とう》頂《ちょう》した。

1986年《ねん》　鳥《とっ》取《とり》県《けん》で生《う》まれる。
2007年《ねん》　『世《せ》界《かい》の果《は》てまでイッテQ!』で珍《ちん》獣《じゅう》ハンター・イモトが誕《たん》生《じょう》。
2009年《ねん》　『24時《じ》間《かん》テレビ32』のチャリティーマラソンランナーで126.585 kmを完《かん》走《そう》。
2010年《ねん》　女《じょ》優《ゆう》デビュー。
2013年《ねん》　『イッテQ!』の企《き》画《かく》により、世《せ》界《かい》8位《い》の高《こう》峰《ほう》・マナスル登《とう》頂《ちょう》に成《せい》功《こう》する。
2019年《ねん》　『イッテQ!』の番《ばん》組《ぐみ》ディレクターの石《いし》﨑《ざき》史《し》郎《ろう》との結《けっ》婚《こん》を発《はっ》表《ぴょう》。

出《しゅっ》典《てん》：『イモトの元《げん》気《き》の素《もと》 88の言《こと》葉《ば》』（日《にっ》経《けい》BP）

為《な》せば成《な》る
為《な》さねば成《な》らぬ何事《なにごと》も
成《な》らぬは人《ひと》の
為《な》さぬなりけり

破産状態《はさんじょうたい》にあった米沢藩《よねざわはん》を立《た》て直《なお》した名君《めいくん》
上杉鷹山《うえすぎようざん》

**何事《なにごと》もやってみないとわからない！
思《おも》いきってやってみよう**

次《つぎ》の藩主《はんしゅ》へ家督《かとく》を譲《ゆず》る際《さい》に「伝国《でんこく》の辞《じ》」と共《とも》に伝《つた》えられた言葉《ことば》です。「為《な》す」は「実行《じっこう》する・行《おこな》う」、「成《な》る」は「物事《ものごと》ができ上《あ》がる・実現《じつげん》する・成就《じょうじゅ》する」という意味《いみ》です。「何事《なにごと》もやればできるし、やらなければできない。できないのは、やろうとしないからだ」と諭《さと》し、励《はげ》ましたのです。

武田信玄《たけだしんげん》の「為《な》せば成《な》る、為《な》さねば成《な》らぬ成《な》る業《わざ》を、成《な》らぬと捨《す》つる人《ひと》のはかなき」を模範《もはん》にしたと言《い》われています。

難《むずか》しいことでもそれをやりとげようと思《おも》ったら、はじめから無理《むり》と決《き》めてかからずに、まずは行動《こうどう》しよう。

プロフィール

自《みずか》ら倹約《けんやく》や節制《せっせい》を実践《じっせん》し、藩《はん》の財政改革《ざいせいかいかく》を実施《じっし》した。また、自助《じじょ》・共助《きょうじょ》・公助《こうじょ》の三助《さんじょ》の思想《しそう》を掲《かか》げ、農業《のうぎょう》や工芸《こうげい》などの産業《さんぎょう》を育成《いくせい》し、教育《きょういく》や文化《ぶんか》も振興《しんこう》した。

1751年《ねん》　高鍋藩《たかなべはん》の藩主《はんしゅ》の次男《じなん》として江戸《えど》（現在《げんざい》の東京《とうきょう》）で生《う》まれる。
1760年《ねん》　上杉家《うえすぎけ》の養子《ようし》となる。
1767年《ねん》　米沢藩主《よねざわはんしゅ》になる。
1785年《ねん》　藩主《はんしゅ》の座《ざ》を退《しりぞ》く。
1802年《ねん》　剃髪《ていはつ》し鷹山《ようざん》と名乗《なの》る。
1822年《ねん》　72歳《さい》で死去《しきょ》。

出典《しゅってん》：伝国《でんこく》の杜《もり》 米沢市《よねざわし》上杉博物館《うえすぎはくぶつかん》「上杉鷹山書状《うえすぎようざんしょじょう》」など

走《はし》るのは、今《いま》まで通《とお》ってきた場所《ばしょ》じゃなくて、これから先《さき》にある

青春《せいしゅん》小説《しょうせつ》や家族《かぞく》小説《しょうせつ》で多《おお》くの人々《ひとびと》の心《こころ》を揺《ゆ》さぶる

瀬《せ》尾《お》まいこ

君が夏を走らせる
瀬尾まいこ

「今《いま》まで」よりも「これから」

小説《しょうせつ》『君《きみ》が夏《なつ》を走《はし》らせる』に登場《とうじょう》する主人公《しゅじんこう》は、金《きん》髪《ぱつ》ピアスでろくに高校《こうこう》も行《い》かずふらふらしていたところ、1歳《さい》10か月《げつ》の子《こ》どものお守《も》りを任《まか》されてしまいます。始《はじ》めはふりまわされてばかりだったのに、どんどん仲《なか》よくなって愛《いと》おしくなっていきます。小《ちい》さな子《こ》どもとの関係《かんけい》の中《なか》で、主人公《しゅじんこう》は自分《じぶん》の生活《せいかつ》や本当《ほんとう》にやりたいこと、自分《じぶん》の人生《じんせい》についてもう一度《いちど》考《かんが》え直《なお》すきっかけをつかみます。

そんなとき偶然《ぐうぜん》再会《さいかい》した中学《ちゅうがく》時代《じだい》の陸上部《りくじょうぶ》の顧《こ》問《もん》の先生《せんせい》が言《い》ったのがこの言葉《ことば》。この先前《さきまえ》向《む》きに生《い》きていくことにエールを送《おく》っています。

誰《だれ》かのためになにかをしたいと思《おも》ったときに人《ひと》は変《か》われるんだよ。その経《けい》験《けん》で人《ひと》は成長《せいちょう》できるんだ。

プロフィール

中学《ちゅうがく》の教師《きょうし》として多《おお》くの子《こ》どもたちに接《せっ》したことや、一児《いちじ》の母《はは》となり子《こ》どもの世界《せかい》を見《み》てきた経験《けいけん》から、青春《せいしゅん》や家族《かぞく》をテーマにした小説《しょうせつ》やエッセイを数多《かずおお》く発表《はっぴょう》している。映画化《えいがか》されたり、教科書《きょうかしょ》に掲載《けいさい》されたりしている作品《さくひん》も多《おお》い。

1974年《ねん》 大阪府《おおさかふ》で生《う》まれる。
2002年《ねん》 『卵《たまご》の緒《お》』で作家《さっか》デビュー。
2005年《ねん》 『幸福《こうふく》な食卓《しょくたく》』で吉川英治文学新人賞受賞《よしかわえいじぶんがくしんじんしょうじゅしょう》。
2012年《ねん》 『あと少《すこ》し、もう少《すこ》し』発表《はっぴょう》。
2017年《ねん》 『君《きみ》が夏《なつ》を走《はし》らせる』発表《はっぴょう》。
2019年《ねん》 『そして、バトンは渡《わた》された』で本屋大賞受賞《ほんやたいしょうじゅしょう》。

出典《しゅってん》:『君《きみ》が夏《なつ》を走《はし》らせる』(新潮文庫《しんちょうぶんこ》)

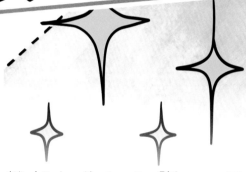

将棋《しょう ぎ》をさす限《かぎ》り勝敗《しょうはい》はついてまわるので、一喜一憂《いっきいちゆう》してもしようがない

王将
飛車
と

史上初《しじょうはじ》めて将棋《しょうぎ》の八冠《はちかん》を独占《どくせん》した 藤井聡太《ふじいそうた》

大事《だいじ》なのは勝敗《しょうはい》ではなく、目《め》の前《まえ》のひとつに集中《しゅうちゅう》すること

デビュー以来《いらい》、公式戦《こうしきせん》で16連勝中《れんしょうちゅう》の藤井聡太《ふじいそうた》四段《よだん》(当時《とうじ》)は、２０１７年《ねん》に愛知県《あいちけん》で行《おこな》われた「第《だい》24回将棋《かいしょうぎ》まつり」の公開対局《こうかいたいきょく》(非公式戦《ひこうしきせん》)で豊島将之八段《とよしままさゆきはちだん》(当時《とうじ》)に敗《やぶ》れました。対局後《たいきょくご》には「中盤《ちゅうばん》で攻《せ》め急《いそ》いでしまい、差《さ》がついてしまった」と冷静《れいせい》に分析《ぶんせき》して、この言葉《ことば》を述《の》べています。

藤井《ふじい》さんは、事《こと》あるごとに「目《め》の前《まえ》の一局《いっきょく》、一《いっ》手《て》に集中《しゅうちゅう》していきたい」とも言《い》います。勝負《しょうぶ》の勝《か》ち負《ま》けに限《かぎ》らず、その対局《たいきょく》を受《う》け入《い》れて自《みずか》らの栄養《えいよう》にする、八冠《はちかん》となった今《いま》も変《か》わらないその「謙虚《けんきょ》さ」を表《あらわ》した言葉《ことば》です。

出典《しゅってん》： 2017年《ねん》5月《がつ》7日《か》愛知県岡崎市《あいちけんおかざきし》「第《だい》24回将棋《かいしょうぎ》まつり」でのインタビューで

勝負《しょうぶ》は時《とき》の運《うん》。負《ま》け試《じ》合《あい》から得《え》るものによって、まだまだ強《つよ》くなれるよ。

プロフィール

将棋界《しょうぎかい》において数々《かずかず》の史上最年少《しじょうさいねんしょう》記録《きろく》を樹立《じゅりつ》。その活躍《かつやく》により将棋《しょうぎ》ブームが起《お》こり、社会現象的《しゃかいげんしょうてき》な人《にん》気《き》は「藤井《ふじい》フィーバー」と呼《よ》ばれて、「2017ユーキャン新語《しんご》・流行語大《りゅうこうごたい》賞《しょう》」にも選《えら》ばれた。

- 2002年《ねん》 愛知県《あいちけん》で生《う》まれる。
- 2016年《ねん》 史上最年少《しじょうさいねんしょう》14歳《さい》2か月《げつ》でプロ棋士《きし》となる。
- 2017年《ねん》 デビューから無敗《むはい》のまま29連勝《れんしょう》。歴代最多連勝《れきだいさいたれんしょう》記録《きろく》を更新《こうしん》。
- 2020年《ねん》 棋聖戦《きせいせん》に勝利《しょうり》し初《はつ》タイトル獲得《かくとく》。最年少記録《さいねんしょうきろく》を更新《こうしん》した。(17歳《さい》11か月《げつ》)
- 2021年《ねん》 竜王位獲得《りゅうおういかくとく》によって棋士《きし》の序列一位《じょれついちい》になる。
- 2023年《ねん》 史上初《しじょうはつ》の八冠独占《はちかんどくせん》。

「どん底《ぞこ》だ」と言《い》えるあいだはまだどん底《ぞこ》じゃない

「最悪《さいあく》だよ」と言《い》える余裕《よゆう》があるなら、まだ希望《きぼう》はある。落《お》ち着《つ》いて考《かんが》えれば、きっと解決方法《かいけつほうほう》が見《み》つかるよ。

最《もっと》も偉大《いだい》な英文学作家《えいぶんがくさっか》
シェイクスピア

「どん底《ぞこ》だ」と言《い》える余裕《よゆう》があるのだから、希望《きぼう》はまだある

四大悲劇《よんだいひげき》のひとつである『リア王《おう》』に出《で》てくるセリフです。貴族《きぞく》から浮浪者《ふろうしゃ》に身《み》を落《お》として、まさに「どん底《ぞこ》」に近《ちか》い状況《じょうきょう》のエドガーが、盲目《もうもく》にされてそれよりひどいありさまの父《ちち》グロスターを見《み》て「もっと落《お》ちるかもしれないから、今《いま》はどん底《ぞこ》ではない」と言《い》います。

一見《いっけん》投《な》げやりな言葉《ことば》のようにも聞《き》こえますが、「まだこの先《さき》には希望《きぼう》がある」という父《ちち》に対《たい》する励《はげ》ましの言葉《ことば》であり、自分《じぶん》をも奮《ふる》い立《た》たせる言葉《ことば》です。

プロフィール

16世紀末期《せいきまっき》から17世紀初頭《せいきしょとう》にかけて活躍《かつやく》。歴史劇《れきしげき》、喜劇《きげき》、悲劇《ひげき》、ロマンス劇《げき》など多彩《たさい》なジャンルの作品《さくひん》を残《のこ》した。代表作《だいひょうさく》は『ロミオとジュリエット』『ハムレット』『夏《なつ》の夜《よ》の夢《ゆめ》』『ヴェニスの商人《しょうにん》』『ソネット詩集《ししゅう》』など。

1564年《ねん》	イギリスで生《う》まれる。
1592年頃《ねんごろ》	ロンドンの劇場《げきじょう》で俳優《はいゆう》・劇作家《げきさっか》として活躍《かつやく》する。
1595年頃《ねんごろ》	『ロミオとジュリエット』執筆《しっぴつ》。
1600年頃《ねんごろ》	『ハムレット』完成《かんせい》。
1605年頃《ねんごろ》	『リア王《おう》』発表《はっぴょう》。
1613年頃《ねんごろ》	俳優業《はいゆうぎょう》と劇作家業《げきさっかぎょう》を引退《いんたい》。
1616年《ねん》	52歳《さい》で死去《しきょ》。

出典《しゅってん》：『リア王《おう》』（ちくま文庫《ぶんこ》）など

「負《ま》けたことがある」というのがいつか大《おお》きな財産《ざいさん》になる

『スラムダンク』を生《う》み出《だ》した漫画家《まんがか》 井上雄彦《いのうえたけひこ》

負《ま》けを知《し》ることで強《つよ》くなれる

バスケットボールブームの火付《ひつ》け役《やく》ともなった漫画《まんが》『スラムダンク』。その中《なか》で、歴代最強《れきだいさいきょう》と言《い》われる山王工業《さんのうこうぎょう》が負《ま》けたとき、監督《かんとく》の堂本《どうもと》が選手《せんしゅ》たちにかけた言葉《ことば》です。

常《つね》に勝《か》ち続《つづ》けていると、自分《じぶん》の問題点《もんだいてん》や課題《かだい》が見《み》えにくくなってしまうのは、バスケットボールに限《かぎ》ったことではありません。負《ま》けを知《し》れば、負《ま》ける悔《くや》しさ、努力《どりょく》の意味《いみ》、勝《か》つこと、勝《か》ち続《つづ》けることの難《むずか》しさ、1勝《しょう》の重《おも》みを知《し》ることができます。堂本監督《どうもとかんとく》は、この敗北《はいぼく》によって、選手《せんしゅ》たちが人間的《にんげんてき》に強《つよ》くなり、結果的《けっかてき》に大《おお》きく成長《せいちょう》できると確信《かくしん》していたのでしょう。

出典《しゅってん》：『SLAM DUNK《スラムダンク》』31巻《かん》（集英社《しゅうえいしゃ》）

失敗《しっぱい》を引《ひ》きずることなく、問題《もんだい》を解決《かいけつ》するために悩《なや》むことが、大《おお》きなプラスになるんだ。

プロフィール

スポーツや闘《たたか》いを通《つう》じて青年《せいねん》の成長《せいちょう》を描《えが》いた作品《さくひん》、現実的《げんじつてき》な人物描写《じんぶつびょうしゃ》やストイックな作風《さくふう》で知《し》られる。代表作《だいひょうさく》に『SLAM DUNK《スラムダンク》』『バガボンド』『リアル』などがある。

1967年《ねん》　鹿児島県《かごしまけん》で生《う》まれる。
1988年《ねん》　手塚賞入選《てづかしょうにゅうせん》の『楓《かえで》パープル』でデビュー。
1990年《ねん》　『SLAM DUNK《スラムダンク》』が「週刊少年《しゅうかんしょうねん》ジャンプ」に連載開始《れんさいかいし》。
1998年《ねん》　「モーニング」に宮本武蔵《みやもとむさし》を題材《だいざい》にした『バガボンド』を連載《れんさい》。
1999年《ねん》　車椅子《くるまいす》バスケットボールを題材《だいざい》にした『リアル』を連載《れんさい》。
2006年《ねん》　「スラムダンク奨学金《しょうがくきん》」を設立《せつりつ》。

笑《わら》われて、笑《わら》われて、つよくなる

『走《はし》れメロス』など数多《かずおお》くの名作《めいさく》を残《のこ》した昭和《しょうわ》の文豪《ぶんごう》

太宰治《だざいおさむ》

負《ま》けたり笑《わら》われたりしながら成長《せいちょう》する

太宰《だざい》の『HUMAN LOST《ヒューマンロスト》』という小説《しょうせつ》に出《で》てくる言葉《ことば》です。一見《いっけん》すると、自分《じぶん》をおとしめるような、半《なか》ばあきらめの心境《しんきょう》の言葉《ことば》に思《おも》えます。それでいて、どんなに他人《たにん》に笑《わら》われても、そうして強《つよ》くなるのだ、人《ひと》は強《つよ》くないと生《い》きてはいけないんだ、という決意《けつい》のようにも読《よ》めます。

なにかをやる前《まえ》に、「失敗《しっぱい》したらどうしよう」「これを言《い》ったら笑《わら》われるかな」などと思《おも》ったら、笑《わら》われることで成長《せいちょう》できるということ、また逆《ぎゃく》に「みんなに笑《わら》いを提供《ていきょう》したんだ」と思《おも》うことで、気分《きぶん》も晴《は》れるということもあるかもしれませんね。

なにもやらなければ失《しっ》敗《ぱい》もしない。でも、失《しっ》敗《ぱい》して成長《せいちょう》することもある。負《ま》けてもともと、あえて挑戦《ちょうせん》してみよう。

プロフィール

県下有数《けんかゆうすう》の大地主《おおじぬし》の家《いえ》に生《う》まれ、幼少期《ようしょうき》には「学校始《がっこうはじ》まって以来《いらい》の秀才《しゅうさい》」と言《い》われた。一方《いっぽう》で、感受性《かんじゅせい》が強《つよ》すぎるためかその行動《こうどう》は世間《せけん》の常識《じょうしき》をはずれ、歳《とし》を重《かさ》ねるごとに破綻《はたん》していった。主《おも》な作品《さくひん》に『走《はし》れメロス』『お伽草紙《とぎぞうし》』『人間失格《にんげんしっかく》』がある。

1909年《ねん》　青森県《あおもりけん》で生《う》まれる。

1927年《ねん》　青森中学校卒業《あおもりちゅうがっこうそつぎょう》、弘前高等学校入学《ひろさきこうとうがっこうにゅうがく》。芥川龍之介《あくたがわりゅうのすけ》の自殺《じさつ》を知《し》って衝撃《しょうげき》を受《う》ける。

1930年《ねん》　東京帝国大学仏文科《とうきょうていこくだいがくふつぶんか》に入学《にゅうがく》。井伏鱒二《いぶせますじ》に弟子入《でしい》り。

1936年《ねん》　鎮痛薬《ちんつうやく》パビナール中毒《ちゅうどく》になり、強制入院《きょうせいにゅういん》させられる。

1939年《ねん》　井伏《いぶせ》の紹介《しょうかい》で結婚《けっこん》。『女生徒《じょせいと》』『走《はし》れメロス』（1940年《ねん》）などを相次《あいつ》いで発表《はっぴょう》。

1947年《ねん》　『斜陽《しゃよう》』がベストセラーになる。

1948年《ねん》　『人間失格《にんげんしっかく》』『桜桃《おうとう》』などを発表《はっぴょう》。玉川上水《たまがわじょうすい》において38歳《さい》で入水自殺《じゅすいじさつ》。

出典《しゅってん》：「HUMAN LOST《ヒューマンロスト》」（青空文庫《あおぞらぶんこ》）

Never《ネバー》 give《ギブ》 in《イン》.

絶対《ぜったい》に屈《くっ》してはならない

何事《なにごと》にも負《ま》けない強《つよ》い気《き》持《も》ちを持《も》っていれば、困難《こんなん》を乗《の》り越《こ》えられる!

近代史上最《きんだいしじょうもっと》も偉大《いだい》なリーダーの一人《ひとり》

チャーチル

強《つよ》い気持《きも》ちを持《も》って立《た》ち向《む》かおう

第二次世界大戦時《だいにじせかいたいせんじ》にヒトラーから英国《えいこく》を救《すく》った首相《しゅしょう》・チャーチル。絶体絶命《ぜったいぜつめい》の状況《じょうきょう》に置《お》かれたときに、帽子《ぼうし》に蝶《ちょう》ネクタイ、葉巻《はまき》をくわえて余《よ》裕《ゆう》しゃくしゃくの姿《すがた》でスピーチを行《おこな》って、この言葉《ことば》を残《のこ》しました。危機《きき》に不安《ふあん》を感《かん》じる国民《こくみん》に勇気《ゆうき》を与《あた》えたと言《い》われています。

彼《かれ》はそのスピーチで「決《けっ》して～ない」という意味《いみ》の「never《ネバー》」を3回《かい》もくり返《かえ》しています。この先《さき》も「ずっと」「未来永劫《みらいえいごう》」屈《くっ》しない、という強《つよ》い決意《けつい》が表《あらわ》れた言葉《ことば》です。

プロフィール

生涯《しょうがい》において　さまざまな苦難《くなん》や失《しっ》敗《ぱい》、挫折《ざせつ》を経験《けいけん》したが、それらを乗《の》り越《こ》えて首相《しゅしょう》になったチャーチルは、イギリスが陥落《かんらく》の危機《きき》に瀕《ひん》しても、ナチスとの和平《わへい》を拒《こば》んで徹底抗戦《てっていこうせん》し、勝利《しょうり》に導《みちび》いた。

1874年《ねん》　イギリスで生《う》まれる。
1900年《ねん》　庶民院議員《しょみんいんぎいん》として初当選《はつとうせん》。
1915年《ねん》　ダーダネルス作戦《さくせん》の失敗《しっぱい》の責任《せきにん》で閣僚職《かくりょうしょく》を辞職《じしょく》。
1924年《ねん》　保守党《ほしゅとう》に復党《ふくとう》。
1940年《ねん》　首相《しゅしょう》に就任《しゅうにん》。第二次世界大戦《だいにじせかいたいせん》でイギリスを指揮《しき》し、勝利《しょうり》に導《みちび》いた。
1951年《ねん》　首相再任《しゅしょうさいにん》（1955年退任《ねんたいにん》）。
1953年《ねん》　『第二次大戦回顧録《だいにじたいせんかいころく》』でノーベル文学賞《ぶんがくしょう》を受賞《じゅしょう》。
1965年《ねん》　90歳《さい》で死去《しきょ》。

出典《しゅってん》：1941年《ねん》10月《がつ》29日《にち》ハロウ校《こう》のスピーチ

人《ひと》の世《よ》に、道《みち》は一《ひと》つということはない。道《みち》は百《ひゃく》も千《せん》も万《まん》もある

「これしかない」とひとつに決《き》めてしまうより、「たくさんある」と前《まえ》向《む》きにとらえてみよう。

新時代《しんじだい》の日本《にほん》を築《きず》いた幕末一《ばくまついち》の人気者《にんきもの》

坂本龍馬《さかもとりょうま》

選《えら》び方《かた》しだいで道《みち》は無限《むげん》に広《ひろ》がる

目的《もくてき》を達成《たっせい》する方法《ほうほう》は、ひとつではありません。あるやり方《かた》で失敗《しっぱい》しても視野《しや》を広《ひろ》げて見方《みかた》を変《か》えれば、必《かなら》ず他《ほか》にやり方《かた》があるはずです。そう思《おも》えば、当初《とうしょ》の想定《そうてい》とちがって多少《たしょう》まわり道《みち》をしたとしても、必《かなら》ずゴールにたどり着《つ》くことができるでしょう。

坂本龍馬《さかもとりょうま》は「どんなことがあっても道《みち》を拓《ひら》く」という強《つよ》い意志《いし》を持《も》って、「倒幕《とうばく》」に向《む》かって突《つ》き進《すす》みました。「人《ひと》には選択肢《せんたくし》が無限《むげん》にあって、選《えら》び方《かた》次第《しだい》で道《みち》はいくらでも広《ひろ》がる」と信《しん》じていたのです。

プロフィール

犬猿《けんえん》の仲《なか》だった薩摩藩《さつまはん》と長州藩《ちょうしゅうはん》の仲《ちゅう》介役《かいやく》となり、「薩長同盟《さっちょうどうめい》」を結《むす》ばせて江戸幕府《えどばくふ》を倒《たお》すきっかけを作《つく》った立《たて》役者《やくしゃ》。幕府《ばくふ》は大政奉還《たいせいほうかん》をするべきだと唱《とな》え、他《ほか》にも憲法《けんぽう》の制定《せいてい》や、両院制《りょういんせい》による議会《ぎかい》の設置《せっち》など、新《あたら》しい日本《にほん》に必要《ひつよう》な８つの方針《ほうしん》を提案《ていあん》した。

1835年《ねん》　土佐藩《とさはん》（現在《げんざい》の高知県《こうちけん》）に生《う》まれる。
1862年《ねん》　土佐藩《とさはん》を脱藩《だっぱん》。
勝海舟《かつかいしゅう》と出会《であ》い弟子《でし》になる。
1865年《ねん》　貿易商社《ぼうえきしょうしゃ》と私設海軍《しせつかいぐん》を兼《か》ねた日本初《にほんはつ》の株式会社《かぶしきがいしゃ》ともいわれる「亀山社中《かめやましゃちゅう》」を設立《せつりつ》する。
1866年《ねん》　龍馬《りょうま》の仲介《ちゅうかい》で薩長同盟《さっちょうどうめい》が結《むす》ばれる。
1867年《ねん》　「亀山社中《かめやましゃちゅう》」から「海援隊《かいえんたい》」へ。
京都《きょうと》の近江屋《おうみや》で、中岡慎太郎《なかおかしんたろう》、山田藤吉《やまだふじよし》と共《とも》に33歳《さい》で暗殺《あんさつ》される。

出典《しゅってん》：『竜馬《りょうま》がゆく（七《なな》）』司馬遼太郎《しばりょうたろう》 著《ちょ》（文春文庫《ぶんしゅんぶんこ》）

信仰《しんこう》に根《ね》ざした著作《ちょさく》を次々《つぎつぎ》と発表《はっぴょう》

三浦綾子《みうらあやこ》

転《ころ》んだことは恥《は》ずかしいことじゃない。起《お》き上《あが》れないことが恥《は》ずかしいこと

転《ころ》んだことをいつまでも引《ひ》きずらないで、気持《きも》ちを切《き》り替《か》えて再出発《さいしゅっぱつ》すればいいんだよ。

失敗《しっぱい》してもいい。次《つぎ》に向《む》けて進《すす》み出《だ》そう

24歳《さい》のときに肺結核《はいけっかく》になった三浦綾子《みうらあやこ》さんは、その後《ご》30歳《さい》で脊椎《せきつい》カリエスで寝《ね》たきりになります。小説《しょうせつ》『塩狩峠《しおかりとうげ》』の連載中《れんさいちゅう》に執筆《しっぴつ》ができなくなりましたが、口述筆記《こうじゅつひっき》で小説《しょうせつ》を書《か》き続《つづ》け、自分《じぶん》を恥《は》じずに進《すす》んでいきました。そのときに書《か》かれた小説《しょうせつ》のひとつ、『帰《かえ》りこぬ風《かぜ》』に登場《とうじょう》する若《わか》き主人公《しゅじんこう》が、失恋《しつれん》で悲《かな》しんでいる場面《ばめん》の言葉《ことば》です。

「自分《じぶん》の人生《じんせい》があっていい」と言《い》う若者《わかもの》たちの虚《きょ》栄心《えいしん》のない言葉《ことば》に助《たす》けられて、落《お》ち込《こ》むことはやめて、だめな自分《じぶん》を認《みと》めて再起《さいき》したのです。

プロフィール

肺結核《はいけっかく》、脊椎《せきつい》カリエス、帯状疱疹《たいじょうほうしん》、直腸癌《ちょくちょうがん》、パーキンソン病《びょう》など度重《たびかさ》なる病魔《びょうま》に苦《くる》しみながらの壮絶《そうぜつ》な人生《じんせい》ながら、多《おお》くの小説《しょうせつ》を残《のこ》した。彼女《かのじょ》の名《な》にちなんだ三浦綾子文学賞《みうらあやこぶんがくしょう》は、現在《げんざい》でも続《つづ》いている。

1922年《ねん》	北海道《ほっかいどう》で生《う》まれる。
1952年《ねん》	キリスト教《きょう》の洗礼《せんれい》を受《う》ける。
1964年《ねん》	『氷点《ひょうてん》』が朝日新聞《あさひしんぶん》に連載開始《れんさいかいし》。
1968年《ねん》	『塩狩峠《しおかりとうげ》』出版《しゅっぱん》。
1972年《ねん》	『帰《かえ》りこぬ風《かぜ》』出版《しゅっぱん》。
1999年《ねん》	77歳《さい》で死去《しきょ》。

出典《しゅってん》：『三浦綾子作品集《みうらあやこさくひんしゅう》6自我《じが》の構図《こうず》　帰《かえ》りこぬ風《かぜ》』（朝日新聞出版《あさひしんぶんしゅっぱん》）など

夢《ゆめ》をつかむこと
というのは、
一気《いっき》にはできません

日米《にちべい》のプロ野球《やきゅう》で活躍《かつやく》した野球界《やきゅうかい》のレジェンド
イチロー

**ちいさなことを
つみかさねることで、
いつの日《ひ》か、
信《しん》じられないような
力《ちから》を出《だ》せるようになっていきます**

つまらないと思《おも》うようなことでもコツコツと続《つづ》けよう。それがいつか大《おお》きな力《ちから》になり、成功《せいこう》につながる可《か》能性《のうせい》があるんだ。

小《ちい》さな一歩《いっぽ》を毎日続《まいにちつづ》けることで夢《ゆめ》に近《ちか》づく

数々《かずかず》の大記録《だいきろく》を打《う》ち立《た》てたイチローさんは、けっして天才《てんさい》ではなく努力《どりょく》の人《ひと》でした。彼《かれ》は「なにかを長期間《ちょうきかん》、成《な》し遂《と》げるためには考《かんが》えや行動《こうどう》を一貫《いっかん》させる必要《ひつよう》がある」「簡単《かんたん》に得《え》られるものは、簡単《かんたん》に失《うしな》う」「ひとつひとつの努力《どりょく》を積《つ》み重《かさ》ねていくことが経験《けいけん》になる」とも述《の》べています。

夢《ゆめ》や目標《もくひょう》を達成《たっせい》するためには、いきなり大《おお》きなことに挑《いど》むのではなく、小《ちい》さな一歩《いっぽ》でもそれを毎日続《まいにちつづ》けていくことが大切《たいせつ》なのです。

夢をつかむ
イチロー
262の
メッセージ
ありがとう、イチロー。
あなたの言葉で
夢を抱くことの
大切さを知った。
シリーズ累計
51万部!

プロフィール

日本《にほん》では３年連続《ねんれんぞく》ＭＶＰ、７年連続《ねんれんぞく》ゴールデングラブ賞受賞《しょうじゅしょう》。アメリカでも新人王《しんじんおう》、ＭＶＰ、首位打者《しゅいだしゃ》、盗塁王《とうるいおう》、最《さい》多安打《たあんだ》、シルバースラッガー賞《しょう》、ゴールドグラブ賞《しょう》など「走攻守《そうこうしゅ》」の賞《しょう》を獲得《かくとく》。日米通算《にちべいつうさん》4367安打《あんだ》は、ギネスブックに認定《にんてい》された前人未到《ぜんじんみとう》の大記録《だいきろく》。

1973年《ねん》	愛知県《あいちけん》で生《う》まれる。
1991年《ねん》	ドラフト4位《い》でオリックスに入団《にゅうだん》。
2000年《ねん》	大《だい》リーグ・マリナーズに移籍《いせき》、日本人野手初《にほんじんやしゅはつ》のメジャーリーガーとなる。
2004年《ねん》	262本《ほん》のシーズン最多安打《さいたあんだ》を記録《きろく》。
2010年《ねん》	10年連続《ねんれんぞく》200安打《あんだ》を達成《たっせい》。
2019年《ねん》	多《おお》くのファンに惜《お》しまれつつ引退《いんたい》。

出典《しゅってん》：『夢《ゆめ》をつかむ イチロー262のメッセージ 』（ぴあ）

戦後《せんご》の日本《にほん》にユーモアあふれる作品《さくひん》を発表《はっぴょう》した直木賞作家《なおきしょうさっか》

田中小実昌《たなかこみまさ》

うまくいかなかったときのほうが、しゃべったり、書《か》いたりしていて、もちろんたのしい

なんでもスーッとできてしまったらつまらないよね。あれをやってみたり、こっちに当《あ》たってみたりするから、いろんなことが見《み》えるんだよ。

たまには肩《かた》の力《ちから》をぬいて楽《たの》しもう

この言葉《ことば》は『ふらふら日記《にっき》』というエッセイに出《で》てきます。「さてきょうは」の章《しょう》では、冒頭《ぼうとう》から田中小実昌《たなかこみまさ》さんが自分《じぶん》の生《う》まれた教会《きょうかい》を探《さが》して「ふらふら」しますが、なかなかそのルーツにたどり着《つ》けません。それでも彼《かれ》は深刻《しんこく》になることもなければムダにがんばったりもしません。困難《こんなん》な状況《じょうきょう》ですら、肩《かた》の力《ちから》をぬいて、興味《きょうみ》を持《も》って「楽《たの》しむ」ことを教《おし》えてくれる言葉《ことば》です。

一生懸命《いっしょうけんめい》がんばってもうまくいかないときは、肩《かた》の力《ちから》をぬいて、むしろその状況《じょうきょう》を楽《たの》しんだ方《ほう》がうまくいくことがあると言《い》っているのです。

プロフィール

戦後《せんご》の混乱期《こんらんき》で、さまざまな職業《しょくぎょう》を体験《たいけん》しながら、ユーモラスなタッチの中《なか》に人間《にんげん》の悲《かな》しさを描《えが》き出《だ》した。すっとんきょうな表情《ひょうじょう》で、またウィットに富《と》んだユーモアで場《ば》を和《なご》ませ、テレビドラマや映画《えいが》、ＣＭなどさまざまな場面《ばめん》でも活躍《かつやく》した。

1925年《ねん》　東京《とうきょう》で生《う》まれる。
1956年《ねん》　早川書房《はやかわしょぼう》で推理小説《すいりしょうせつ》の翻訳《ほんやく》を担当《たんとう》。
1979年《ねん》　『ミミのこと』『浪曲師朝日丸《ろうきょくしあさひまる》の話《はなし》』で直木賞《なおきしょう》、『ポロポロ』で谷崎潤一郎賞受賞《たにざきじゅんいちろうしょうじゅしょう》。
2000年《ねん》　74歳《さい》で死去《しきょ》。

出典《しゅってん》：『ふらふら日記《にっき》』(中公文庫《ちゅうこうぶんこ》)

丸《まる》うならねば思《おも》う事《こと》は遂《と》げられまじ

日本初《にほんはつ》の女流職業小説家《じょりゅうしょくぎょうしょうせつか》 樋口一葉《ひぐちいちよう》

自分《じぶん》の考《かんが》えを変《か》えることも必要《ひつよう》。自分《じぶん》とちがう考《かんが》えもまずは受《う》け止《と》めてみて

まだまだ女性《じょせい》の社会進出《しゃかいしんしゅつ》が難《むずか》しい明治時代《めいじじだい》に、小説家《しょうせつか》として生《い》きた樋口一葉《ひぐちいちよう》は、やり遂《と》げたいことがあるなら、柔軟《じゅうなん》な心《こころ》を持《も》って臨機応変《りんきおうへん》に進《すす》めていくのがよいと言《い》いました。「遂《と》げる」というと強《つよ》い願《ねが》いや野望《やぼう》を思《おも》い浮《う》かべがちですが、日々《ひび》の仕事《しごと》や役割《やくわり》、恋愛《れんあい》まですべてに言《い》えることです。

物事《ものごと》が思《おも》った通《とお》りに進《すす》まないとき、ともすればイライラしてストレスをためがちですが、まずは周囲《しゅうい》をよく見渡《みわた》して意見《いけん》を聞《き》き、状況《じょうきょう》を柔《じゅう》軟《なん》に受《う》け止《と》めるようにしましょう。

プロフィール

職業《しょくぎょう》として小説《しょうせつ》を書《か》いた日本初《にほんはつ》の女流職業小説家《じょりゅうしょくぎょうしょうせつか》。その作品《さくひん》は恋愛《れんあい》小説《しょうせつ》でありながら、当時《とうじ》の社会《しゃかい》への批評性《ひひょうせい》も含《ふく》まれ、女性《じょせい》の地位向上《ちいこうじょう》に貢献《こうけん》した。

- 1872年《ねん》 東京《とうきょう》で生《う》まれる。
- 1889年《ねん》 16歳《さい》で戸主《こしゅ》となる。
- 1891年《ねん》 半井桃水《なからいとうすい》に小説《しょうせつ》を学《まな》ぶ。同時《どうじ》に恋心《こいごころ》を抱《だ》く。
- 1895年《ねん》 『たけくらべ』発表《はっぴょう》。森鴎外《もりおうがい》らに絶賛《ぜっさん》される。『にごりえ』『十三夜《じゅうさんや》』と次々発表《つぎつぎはっぴょう》。
- 1896年《ねん》 肺結核《はいけっかく》のため24歳《さい》で死去《しきょ》。

出典《しゅってん》：『暗夜《やみよ》』（青空文庫《あおぞらぶんこ》）

人生《じんせい》はいつも今《いま》から

世界最高齢《せかいさいこうれい》のエベレスト登頂《とうちょう》を成《な》し遂《と》げた冒険家《ぼうけんか》

三浦《みうら》雄一郎《ゆういちろう》

「今《いま》」からできることを始《はじ》めよう

90歳《さい》を迎《むか》えても現役《げんえき》の冒険家《ぼうけんか》でもある三浦《みうら》さん。その挑戦《ちょうせん》を後押《あとお》ししているのは「好奇心《こうきしん》」と「目標《もくひょう》」です。ひとつの挑戦《ちょうせん》を終《お》えると、すぐに新《あたら》しいことに興味《きょうみ》を抱《いだ》き「次《つぎ》はなにをしよう」と考《かんが》えます。目標《もくひょう》を立《た》てて、そのためにいろいろ準備《じゅんび》してトレーニングします。可能性《かのうせい》への挑戦《ちょうせん》こそが生《い》きがいになっているのです。

目標《もくひょう》を立《た》てるとそこに向《む》かって前進《ぜんしん》することができます。何事《なにごと》にも遅《おそ》すぎる年齢《ねんれい》はありません。強《つよ》く望《のぞ》み、一歩《いっぽ》ふみ出《だ》せば、夢《ゆめ》は現実《げんじつ》に近《ちか》づくのです。

プロフィール

数々《かずかず》の冒険《ぼうけん》を成《な》し遂《と》げた後《あと》、目標《もくひょう》を失《うしな》って不摂生《ふせっせい》な生活《せいかつ》で健康《けんこう》を害《がい》したが、70歳《さい》でのエベレスト登頂《とうちょう》という目標《もくひょう》を掲《かか》げてトレーニングを再開《さいかい》。その後《ご》も次々《つぎつぎ》と新《あら》たな目標《もくひょう》に向《む》かって前進《ぜんしん》する。

1932年《ねん》	青森県《あおもりけん》で生《う》まれる。
1964年《ねん》	キロメーターランセに日本人《にほんじん》として初《はじ》めて参加《さんか》、当時《とうじ》の世界新記録樹立《せかいしんきろくじゅりつ》。
1970年《ねん》	エベレスト・サウスコル8000m 世界最高地点《せかいさいこうちてん》スキー滑降《かっこう》を成《な》し遂《と》げる。
1985年《ねん》	世界七大陸最高峰《せかいななたいりくさいこうほう》のスキー滑降《かっこう》を達成《たっせい》。
2003年《ねん》	70歳《さい》エベレスト登頂《とうちょう》。当時《とうじ》の世界最高年齢登頂《せかいさいこうねんれいとうちょう》と初《はつ》の日本人親子同時登頂《にほんじんおやこどうじとうちょう》の記録《きろく》を樹立《じゅりつ》。
2013年《ねん》	80歳《さい》で3度目《どめ》のエベレスト登頂《とうちょう》を果《は》たす。

出典《しゅってん》：『人生《じんせい》はいつも「今《いま》から」』（ロング新書《しんしょ》）

人《ひと》が旅《たび》をするのは到着《とうちゃく》するためではなく旅《たび》をするためである

目標《もくひょう》の達成《たっせい》だけじゃなく、いろんな経験《けいけん》を積《つ》むことが大切《たいせつ》なんだ。

ドイツを代表《だいひょう》する文豪《ぶんごう》

ゲーテ

達成《たっせい》することだけが目標《もくひょう》ではなく、目標《もくひょう》までの過程《かてい》が大切《たいせつ》

ゲーテの友人《ゆうじん》であるカロリーネが夫《おっと》に送《おく》った手《て》紙《がみ》の中《なか》で、ゲーテがさりげなく口《くち》にした言葉《ことば》として出《で》てくるものです。

旅《たび》は目的地《もくてきち》に行《い》くことだけが大切《たいせつ》なのではなく、旅《たび》すること自体《じたい》を楽《たの》しむものです。自分《じぶん》が決《き》めた目《もく》標《ひょう》を達成《たっせい》することはもちろん大切《たいせつ》だけど、その目標《もくひょう》を達成《たっせい》するためになにをするか、どうやって達成《たっせい》するのかなど過程《かてい》も大切《たいせつ》です。この言葉《ことば》に込《こ》められているのは、人生《じんせい》において「生《い》きる意味《いみ》」を探《さが》すのが重《じゅう》要《よう》なことではなく、「人《ひと》が生《い》きること」そのものに意《い》味《み》がある、と考《かんが》えられています。

プロフィール

小説家《しょうせつか》、詩人《しじん》、劇作家《げきさっか》にとどまらず、政治家《せいじか》や自然科学者《しぜんかがくしゃ》としての顔《かお》を持《も》つ。ワイマール公国《こうこく》の宰相《さいしょう》を務《つと》めたり、人体解剖学《じんたいかいぼうがく》、植《しょく》物学《ぶつがく》、地質学《ちしつがく》、光学等《こうがくなど》でさまざまな研究結果《けんきゅうけっか》や著作《ちょさく》を残《のこ》している。著作《ちょさく》は『若《わか》きウェルテルの悩《なや》み』や『ファウスト』など。

1749年《ねん》	ドイツで生《う》まれる。
1774年《ねん》	『若《わか》きウェルテルの悩《なや》み』を出版《しゅっぱん》。
1782年《ねん》	ワイマール公国《こうこく》の宰相《さいしょう》になる。
1808年《ねん》	『ファウスト』の第《だい》1部《ぶ》発表《はっぴょう》。
1831年《ねん》	『ファウスト』の第《だい》2部《ぶ》完成《かんせい》。
1832年《ねん》	82歳《さい》で死去《しきょ》。

出典《しゅってん》：1788年《ねん》9月《がつ》12日《にち》にカロリーネが夫《おっと》にあてた手紙《てがみ》

希望《きぼう》を持《も》てないものが、どうして追憶《ついおく》を慈《いつく》しむことができよう

優《すぐ》れた短編《たんぺん》を数多《かずおお》く残《のこ》した早世《そうせい》の天才《てんさい》
梶井基次郎《かじいもとじろう》

どんな状況《じょうきょう》でも「希望《きぼう》」を持《も》つことが大事《だいじ》

1927年《ねん》に発表《はっぴょう》された『冬《ふゆ》の日《ひ》』という小説《しょうせつ》の中《なか》の言葉《ことば》です。「追憶《ついおく》」とは、昔《むかし》のことをなつかしく思《おも》い出《だ》すことです。「慈《いつく》しむ」ということは、相手《あいて》をかわいがって大事《だいじ》にすることです。「追憶《ついおく》を慈《いつく》しむ」のは、未来《みらい》に背《せ》を向《む》けているのではなく、希望《きぼう》を持《も》っているからこそ、昔《むかし》の記憶《きおく》を思《おも》いしのんで大切《たいせつ》にしようとしているのです。

どんな状況《じょうきょう》になっていても、「希望《きぼう》」を持《も》ち続《つづ》けることで、乗《の》り越《こ》えることもできます。強《つよ》い意志《いし》を持《も》つことが大切《たいせつ》なんですね。

不安《ふあん》がいっぱいあっても未来《みらい》を思《おも》い描《えが》こう。それでこそ、過去《かこ》のことだって美《うつく》しく思《おも》い出《だ》せるんだ。

プロフィール

10代半《だいなか》ばで結核《けっかく》を発病《はつびょう》しながら31歳《さい》で亡《な》くなるまで、優《すぐ》れた五感《ごかん》から得《え》た情報《じょうほう》を端的《たんてき》な言葉《ことば》でピタリと表現《ひょうげん》した作品《さくひん》を発表《はっぴょう》。彼《かれ》の短編小説《たんぺんしょうせつ》は日本文学《にほんぶんがく》史上《しじょう》で独特《どくとく》の光《ひかり》を放《はな》っている。

1901年《ねん》	大阪府《おおさかふ》で生《う》まれる。
1919年《ねん》	第三高等学校《だいさんこうとうがっこう》（現在《げんざい》の京都大学《きょうとだいがく》）に入学《にゅうがく》。
1925年《ねん》	同人誌《どうじんし》「青空《あおぞら》」を発刊《はっかん》し、『檸檬《れもん》』を発表《はっぴょう》。
1926年《ねん》	『Kの昇天《しょうてん》』を発表《はっぴょう》。
1928年《ねん》	『櫻《さくら》の樹《き》の下《した》には』を発表《はっぴょう》。
1931年《ねん》	『交尾《こうび》』を発表《はっぴょう》。井伏鱒二《いぶせますじ》に高《たか》く評価《ひょうか》される。
1932年《ねん》	肺結核《はいけっかく》により31歳《さい》で死去《しきょ》。

出典《しゅってん》：「冬《ふゆ》の日《ひ》」（青空文庫《あおぞらぶんこ》）

すべて世《よ》の中《なか》のことは、もうこれで満足《まんぞく》だというときは、衰《おとろ》えているときである

日本資本主義《にほんしほんしゅぎ》の父《ちち》

渋沢栄一《しぶさわえいいち》

今《いま》に満足《まんぞく》しないで、努力《どりょく》をし続《つづ》けよう

今《いま》よりもっとよくなりたい、上《うえ》を目指《めざ》したいという気持《きも》ちは、誰《だれ》もが持《も》っています。この欲《よく》望《ぼう》のおかげで文明《ぶんめい》は進化《しんか》し、生活《せいかつ》は向上《こうじょう》していくのです。

近代日本《きんだいにほん》の経済的発展《けいざいてきはってん》に尽力《じんりょく》しただけでなく、教育《きょういく》や社会事業《しゃかいじぎょう》にも力《ちから》を注《そそ》いだ渋沢《しぶさわ》さんは、「無《む》欲《よく》は怠惰《たいだ》のもと」とも述《の》べています。欲望《よくぼう》がないことは美徳《びとく》ではなく、むしろ人《ひと》を怠《なま》け者《もの》にしてしまう、ということです。現状《げんじょう》に満足《まんぞく》したら、誰《だれ》もなんの努力《どりょく》もしなくなり、努力《どりょく》をしなくなったら人間《にんげん》として成長《せいちょう》しなくなります。無限《むげん》の欲《よく》望《ぼう》は、成長《せいちょう》のエネルギーなのです。

プロフィール

日本最初《にほんさいしょ》の銀行《ぎんこう》「第一国立銀行《だいいちこくりつぎんこう》」の創設《そうせつ》を皮切《かわき》りに、王子製紙《おうじせいし》、大阪紡績《おおさかぼうせき》、東京瓦斯《とうきょうがす》(ガス)など、500以上《いじょう》の近代的企業《きんだいてききぎょう》の創立《そうりつ》と発展《はってん》に尽力《じんりょく》した。ほかにも、帝国《ていこく》ホテル、東京証券取引所《とうきょうしょうけんとりひきじょ》、サッポロ、キリンなど、創業《そうぎょう》に関《かか》わり、現在《げんざい》も営業《えいぎょう》を続《つづ》けている有名《ゆうめい》企業《きぎょう》が数多《かずおお》くある。

1840年《ねん》	武蔵国《むさしこく》(現在《げんざい》の埼玉県《さいたまけん》)で生《う》まれる。
1867年《ねん》	パリ万博使節団《ばんぱくしせつだん》に加《くわ》わりフランスに渡《わた》る。
1868年《ねん》	帰国《きこく》し、政府《せいふ》の役人《やくにん》となる。
1873年《ねん》	大蔵省《おおくらしょう》を退官《たいかん》して日本《にほん》で初《はじ》めての国立銀行《こくりつぎんこう》を設立《せつりつ》する。以降《いこう》、実業家《じつぎょうか》、慈善家《じぜんか》、教育家《きょういくか》として、数百《すうひゃく》の企業《きぎょう》、社会事業団体《しゃかいじぎょうだんたい》、教育機関《きょういくきかん》の設立《せつりつ》に関《かか》わる。
1931年《ねん》	91歳《さい》で死去《しきょ》。

出典《しゅってん》:『渋沢栄一《しぶさわえいいち》 一日一訓《いちにちいちくん》』渋沢栄一《しぶさわえいいち》 著《ちょ》/PHP理念経営研究《りねんけいえいけんきゅう》センター編訳《へんやく》(PHP研究所《けんきゅうしょ》)

絶望《ぜつぼう》の隣《となり》は希望《きぼう》

希望

『手《て》のひらを太陽《たいよう》に』の生《う》みの親《おや》 やなせたかし

今《いま》がつらくても、明日《あす》はきっと大丈夫《だいじょうぶ》！

未来《みらい》なんて少《すこ》し先《さき》のことでさえわからない、という意味《いみ》の「一寸先《いっすんさき》は闇《やみ》」という言葉《ことば》があります。しかし、やなせさんは『希望《きぼう》』という詩《し》の中《なか》で「一寸先《いっすんさき》は光《ひかり》かもしれない」と言《い》いました。

生《い》きていると、つらいことや悲《かな》しいこともいっぱい経験《けいけん》します。それでも「せっかちに絶望《ぜつぼう》するのはもったいない」と言《い》います。一寸先《いっすんさき》は闇《やみ》でもそのまた一寸先《いっすんさき》は光《ひかり》、絶望《ぜつぼう》の隣《となり》は希望《きぼう》です。大丈夫《だいじょうぶ》！　明日《あす》はきっとよくなります。

つらいときや悲《かな》しいときにあきらめてしまえばそこで終《お》わり。そういうときにこそ、希望《きぼう》があると信《しん》じて前《まえ》に進《すす》もう。

プロフィール

「人生《じんせい》は喜《よろこ》ばせごっこ」と言《い》いながら、『手《て》のひらを太陽《たいよう》に』などの作詞《さくし》や、正義《せいぎ》の味方《みかた》『アンパンマン』など多《おお》くの創作活動《そうさくかつどう》を行《おこな》った。一度《いちど》は引退《いんたい》を考《かんが》えたものの、東日本大震災《ひがしにほんだいしんさい》のときには、被災地《ひさいち》に送《おく》るポスター制作《せいさく》などの支援《しえん》を行《おこな》った。

- 1919年《ねん》　高知県《こうちけん》で生《う》まれる。
- 1943年《ねん》　中国大陸《ちゅうごくたいりく》へ出兵《しゅっぺい》。
- 1953年《ねん》　漫画《まんが》を専業《せんぎょう》とする。
- 1961年《ねん》　『手《て》のひらを太陽《たいよう》に』を作詞《さくし》。
- 1988年《ねん》　テレビアニメ『それいけ! アンパンマン』放映開始《ほうえいかいし》。
- 2011年《ねん》　引退《いんたい》を考《かんが》えたが、東日本大震災《ひがしにほんだいしんさい》の発生《はっせい》により撤回《てっかい》。
- 2013年《ねん》　94歳《さい》で死去《しきょ》。

出典《しゅってん》：『絶望《ぜつぼう》の隣《となり》は希望《きぼう》です！』（小学館《しょうがくかん》）など

努力《どりょく》して 勝《か》つことのつぎに いいことは、 まけることよ

大事《だいじ》なのは、いつも一生懸命《いっしょうけんめい》に取《と》り組《く》むこと。結果《けっか》にとらわれてはいけないよ。

世界中《せかいじゅう》で愛《あい》されている『赤毛《あかげ》のアン』の作者《さくしゃ》

モンゴメリ

結果《けっか》よりも、一生懸命《いっしょうけんめい》努力《どりょく》することが大事《だいじ》

小説《しょうせつ》『赤毛《あかげ》のアン』の主人公《しゅじんこう》アンが、大事《だいじ》な試《し》験《けん》を前《まえ》にして不安《ふあん》に思《おも》う友《とも》だちに対《たい》して言《い》った言葉《ことば》です。結果《けっか》がよければ一番《いちばん》いいけれど、一《いっ》生懸命《しょうけんめい》やること、やったと言《い》えることが大事《だいじ》なのだと言《い》っているのです。

なにも努力《どりょく》せずに負《ま》けるのと、一生懸命《いっしょうけんめい》努力《どりょく》して負《ま》けるのとでは大《おお》きなちがいがあります。「悔《く》いはない」と思《おも》えるくらい一生懸命《いっしょうけんめい》努力《どりょく》すると、結果《けっか》負《ま》けてしまったとしても、次《つぎ》に勝《か》つための方法《ほうほう》が見《み》つけられます。結果《けっか》よりも、それまでの過程《かてい》が大切《たいせつ》なのです。

プロフィール

『赤毛《あかげ》のアン』に続《つづ》く『アンの青春《せいしゅん》』など、「アン・ブックス」でよく知《し》られている。特《とく》に『赤毛《あかげ》のアン』は何《なん》度《ど》も映画化《えいがか》され、約《やく》40か国語《こくご》に翻《ほん》訳《やく》されるなどの成功《せいこう》を収《おさ》めた。

1874年《ねん》	カナダで生《う》まれる。
1894年《ねん》	学校《がっこう》の教師《きょうし》となる。
1908年《ねん》	最初《さいしょ》の長編小説《ちょうへんしょうせつ》『赤毛《あかげ》のアン』出版《しゅっぱん》。世界的《せかいてき》ベストセラーとなる。
1911年《ねん》	ユーアン・マクドナルド牧師《ぼくし》と結婚《けっこん》。
1942年《ねん》	『アンの想《おも》い出《で》の日々《ひび》』を書《か》き上《あ》げた直後《ちょくご》に67歳《さい》で死去《しきょ》。

出典《しゅってん》：『赤毛《あかげ》のアン』岸田衿子《きしだえりこ》訳《やく》（朝日出版社《あさひしゅっぱんしゃ》）など

虚栄心《きょえいしん》の特効薬《とっこうやく》は笑《わら》い

実存主義《じつぞんしゅぎ》の先駆《さきが》けとなった哲学者《てつがくしゃ》

ベルクソン

「笑《わら》いをとる」ことでおろかな虚栄心《きょえいしん》を吹《ふ》き飛《と》ばそう

虚栄心《きょえいしん》とは、自分《じぶん》をすごい人間《にんげん》だと思《おも》わせたいために実際《じっさい》よりもよく見《み》せようとして、ついつい見栄《みえ》を張《は》ってしまう気持《きも》ちのことです。虚栄心《きょえいしん》のない人間《にんげん》はいないし、誰《だれ》も虚栄心《きょえいしん》を持《も》つ人《ひと》を責《せ》めることはできません。ベルクソンは「虚栄心《きょえいしん》は、それ自身悪徳《じしんあくとく》ではないが、あらゆる悪徳《あくとく》がその周囲《しゅうい》に集《あつ》まる」と言《い》っています。

強《つよ》すぎる虚栄心《きょえいしん》にとりつかれて大《おお》げさな発言《はつげん》をしたり、たいしたことでもないことを誇張《こちょう》して表現《ひょうげん》したりする人《ひと》は、ばからしく見《み》えます。そんなことより、「笑《わら》う」「笑《わら》いをとる」ことで、おろかな虚栄心《きょえいしん》を吹《ふ》き飛《と》ばしてしまおうと言《い》っているのです。

出典《しゅってん》：『笑《わら》い』林達夫《はやしたつお》訳《やく》（岩波文庫《いわなみぶんこ》）

誰《だれ》だって見栄《みえ》を張《は》りたくなるときがあるよね。でも、そんな自分《じぶん》に気《き》づいたら、自分《じぶん》で自分《じぶん》を笑《わら》い飛《と》ばしてしまおう。

プロフィール

19世紀《せいき》～20世紀《せいき》にかけてフランスで活躍《かつやく》した哲学者《てつがくしゃ》。彼《かれ》の思想《しそう》は、時間《じかん》や運動《うんどう》、進化《しんか》や創造性《そうぞうせい》など、生《せい》の現象《げんしょう》を直接的《ちょくせつてき》にとらえようとするもので、「生《せい》の哲学《てつがく》」と呼《よ》ばれる。独創的《どくそうてき》で美《うつく》しい文章《ぶんしょう》で綴《つづ》られる著作《ちょさく》により、ノーベル文学賞《ぶんがくしょう》も受賞《じゅしょう》。

1859年《ねん》	フランスで生《う》まれる。
1889年《ねん》	『時間《じかん》と自由《じゆう》』を発表《はっぴょう》。
1896年《ねん》	『物質《ぶっしつ》と記憶《きおく》』を発表《はっぴょう》。
1900年《ねん》	コレージュ・ド・フランスの教授《きょうじゅ》に就任《しゅうにん》。
	著作《ちょさく》『笑《わら》い』を発表《はっぴょう》。
1907年《ねん》	『創造的進化《そうぞうてきしんか》』を発表《はっぴょう》。
1932年《ねん》	最後《さいご》の著作《ちょさく》『道徳《どうとく》と宗教《しゅうきょう》の二源泉《にげんせん》』を発表《はっぴょう》。
1927年《ねん》	ノーベル文学賞《ぶんがくしょう》を受賞《じゅしょう》。
1941年《ねん》	81歳《さい》で死去《しきょ》。

あなたの強《つよ》さは あなたの弱《よわ》さから 生《う》まれる

心理学《しんりがく》の巨匠《きょしょう》と呼《よ》ばれた精神科医《せいしんかい》

フロイト

自分《じぶん》の弱《よわ》さや失敗《しっぱい》を気《き》にせず、工夫《くふう》や努力《どりょく》で強《つよ》い心《こころ》を持《も》とう

フロイトは、「精神分析学《せいしんぶんせきがく》」という心《こころ》の問題《もんだい》を科学的《かがくてき》に取《と》り扱《あつか》う学問《がくもん》を創始《そうし》した人物《じんぶつ》。精神科医《せいしんかい》としてさまざまな患者《かんじゃ》と向《む》き合《あ》いながら、その複雑《ふくざつ》な心理《しんり》を研究《けんきゅう》したフロイトが、「自分《じぶん》の弱《よわ》さとの向《む》き合《あ》い方《かた》」について語《かた》ったのがこの言葉《ことば》です。

人間《にんげん》は誰《だれ》しも弱《よわ》いものだと思《おも》うこと。だからこそ失敗《しっぱい》は気《き》にせずに、努力《どりょく》を続《つづ》けたり、工夫《くふう》をしたりして、強《つよ》い心《こころ》を持《も》つことが大切《たいせつ》です。

誰《だれ》しももともとは弱《よわ》いんだ!だから失敗《しっぱい》から学《まな》ぶことも大切《たいせつ》だね。

プロフィール

精神科医《せいしんかい》であったフロイトは、心因《しんいん》性《せい》の疾患《しっかん》を持《も》っている患者《かんじゃ》の治療《ちりょう》にあたるうちに、無意識下《むいしきか》に存在《そんざい》する過去《かこ》の記憶《きおく》や感情《かんじょう》が原因《げんいん》となり、神経症《しんけいしょう》をはじめとした精神疾患《せいしんしっかん》が起《お》きるケースがあることを発見《はっけん》した。

1856年《ねん》	モラビア（現在《げんざい》のチェコ）で生《う》まれる。
1886年《ねん》	神経疾患治療《しんけいしっかんちりょう》の専門家《せんもんか》として開業《かいぎょう》。
1896年《ねん》	父《ちち》が亡《な》くなり不安症《ふあんしょう》が強《つよ》くなる。
1900年《ねん》	『夢判断《ゆめはんだん》』出版《しゅっぱん》。
1917年《ねん》	『精神分析入門《せいしんぶんせきにゅうもん》』発表《はっぴょう》。
1923年《ねん》	『自我《じが》とエス』出版《しゅっぱん》。
1939年《ねん》	83歳《さい》で死去《しきょ》。

出典《しゅってん》：『新版《しんばん》 精神分析入門《せいしんぶんせきにゅうもん》』（角川《かどかわ》ソフィア文庫《ぶんこ》）などを参考《さんこう》に要約《ようやく》

わたしは困難《こんなん》なことを問題《もんだい》とは呼《よ》びません。むしろ、チャンスと呼《よ》びます

スラム街《がい》で貧《まず》しい人々《ひとびと》のために生涯《しょうがい》をささげた修道女《しゅうどうじょ》

マザー・テレサ

どんなに大変《たいへん》な状況《じょうきょう》にも向《む》き合《あ》い続《つづ》ける姿勢《しせい》が、チャンスをよびこむんだね!

大変《たいへん》なことは「チャンス」だと思《おも》おう

マザー・テレサは、カトリック教会《きょうかい》の「聖人《せいじん》」に認定《にんてい》された修道女《しゅうどうじょ》。インドのスラム街《がい》に学校《がっこう》や孤児施設《こじしせつ》を作《つく》ったり、路上《ろじょう》で死《し》にそうになっている人《ひと》を引《ひ》き取《と》ったりするなどの活動《かつどう》の中《なか》で、さまざまな困難《こんなん》にぶつかったときこそがチャンスだと言《い》いました。なにかしようと思《おも》っても、うまくいかないことはよくあること。でもその困難《こんなん》を乗《の》り越《こ》えようとする努力《どりょく》や、知恵《ちえ》を絞《しぼ》って考《かんが》えようとすることで、別《べつ》のチャンスが生《う》まれるのです。

プロフィール

キリスト教《きょう》の修道女《しゅうどうじょ》でありながら、宗教《しゅうきょう》に関係《かんけい》なく人々《ひとびと》によりそい続《つづ》けた。その姿《すがた》に多《おお》くの人《ひと》が心《こころ》を動《うご》かされ、一人《ひとり》で始《はじ》めた活動《かつどう》は徐々《じょじょ》に仲間《なかま》が増《ふ》え、世界的《せかいてき》に認《みと》められるものとなった。

1910年《ねん》	オスマン帝国《ていこく》コソボ州《しゅう》（現《げん》・北《きた》マケドニア共和国《きょうわこく》）で生《う》まれる。
1928年《ねん》	修道会《しゅうどうかい》の修練《しゅうれん》のためインドへ渡《わた》る。
1948年《ねん》	インド・コルカタのスラム街《がい》で活動《かつどう》を開始《かいし》。
1950年《ねん》	国籍《こくせき》をインドに移《うつ》す。
1952年《ねん》	カリガート(死《し》を待《ま》つ人《ひと》の家《いえ》)を設立《せつりつ》。
1979年《ねん》	ノーベル平和賞《へいわしょう》を受賞《じゅしょう》。
1997年《ねん》	87歳《さい》で死去《しきょ》。

出典《しゅってん》：『世界《せかい》で一番《いちばん》たいせつなあなたへ マザー・テレサからの贈《おく》り物《もの》』（PHP研究所《けんきゅうしょ》）

自分《じぶん》の長所《ちょうしょ》を忘《わす》れて、誰《だれ》か違《ちが》う人《ひと》になろうとするから苦《くる》しくなる

日本人《にほんじん》として唯一無二《ゆいいつむに》のキャリアを持《も》つスーパーモデル

冨永愛《とみながあい》

自分《じぶん》のいいところを知《し》って、伸《の》ばそう

17歳《さい》のとき、ニューヨークコレクションでデビューしてから、アジアを代表《だいひょう》するモデルとして活躍《かつやく》した冨永《とみなが》さん。この言葉《ことば》の前《まえ》には「誰《だれ》にでもその人《ひと》なりの素材《そざい》の良《よ》さはある」とあります。結局《けっきょく》は、自分《じぶん》のいいところを知《し》って伸《の》ばすことが、美《うつく》しさへの第一歩《だいいっぽ》なのだと。

他人《たにん》と外見《がいけん》を比《くら》べて美《うつく》しさを追《お》い求《もと》めても、幸《しあわ》せを感《かん》じるのは一瞬《いっしゅん》で、上《うえ》には上《うえ》がいるし、人《ひと》の欲望《よくぼう》には際限《さいげん》がありません。だから他人《たにん》と比《くら》べず、自分《じぶん》の美《び》を追求《ついきゅう》していくことが、幸《しあわ》せへとつながります。自分《じぶん》らしさを追求《ついきゅう》し、みがくことが、誰《だれ》もが最高《さいこう》に輝《かがや》ける秘訣《ひけつ》です。

他《ほか》の人《ひと》にどう見《み》えるかは関係《かんけい》ない。自分《じぶん》が長所《ちょうしょ》だと感《かん》じているところを自分《じぶん》らしくみがいていこう。

プロフィール

長《なが》きにわたり世界《せかい》の第一線《だいいっせん》でトップモデルとして活躍《かつやく》しながら、俳優《はいゆう》など、さまざまな分野《ぶんや》にも精力的《せいりょくてき》に挑戦《ちょうせん》する。チャリティ・社会貢献活動《しゃかいこうけんかつどう》や日本《にほん》の伝統文化《でんとうぶんか》を国内外《こくないがい》に伝《つた》える活動《かつどう》も行《おこな》う。

1982年《ねん》　神奈川県《かながわけん》で生《う》まれる。
1999年《ねん》　雑誌《ざっし》『ヴォーグ』掲載《けいさい》の写真《しゃしん》をきっかけに本格的《ほんかくてき》に世界《せかい》で活動開始《かつどうかいし》。
2017年《ねん》　3年間《ねんかん》の休業《きゅうぎょう》を経《へ》てモデル復帰《ふっき》。世界一流《せかいいちりゅう》メゾンのランウェイに返《かえ》り咲《ざ》く。
2020年《ねん》　『冨永愛《とみながあい》　美《び》の法則《ほうそく》』発刊《はっかん》。
2023年《ねん》　NHKドラマ『大奥《おおおく》』出演《しゅつえん》。株式会社《かぶしきがいしゃ》「Crossover」を設立《せつりつ》。

出典《しゅってん》：『冨永愛《とみながあい》　美《び》の法則《ほうそく》』（ダイヤモンド社《しゃ》）

＼まだまだある!／

ピンチをチャンスに変《か》える名言《めいげん》

心配《しんぱい》しなくていいんだよ。どんな些細《ささい》なことでもすべてうまくいくからさ

ボブ・マーリー
（ジャマイカのシンガーソングライター・ミュージシャン）

どんな逆境《ぎゃっきょう》になっても前《まえ》を向《む》いて生《い》きた、レゲエの神様《かみさま》と呼《よ》ばれるボブ・マーリーの言葉《ことば》。

悩《なや》めば悩《なや》むほど、苦《くる》しめば苦《くる》しむほど、最後《さいご》笑《わら》ったときに半端《はんぱ》ない喜《よろこ》びが待《ま》ってる

松田直樹《まつだなおき》
（サッカー選手《せんしゅ》）

サッカー元日本代表《もとにっぽんだいひょう》の松田直樹《まつだなおき》の言葉《ことば》。続《つづ》けて、「これを打破《だは》できるのは自分《じぶん》しかいないし、逃《に》げるのは簡単《かんたん》だし、今《いま》は、それとの戦《たたか》いに勝《か》ちたいなと思《おも》います」と言《い》っている。

楽観的《らっかんてき》であるということは、顔《かお》をつねに太陽《たいよう》へ向《む》け、足《あし》をつねに前《まえ》へふみ出《だ》すことである

ネルソン・マンデラ
（南《みなみ》アフリカ共和国《きょうわこく》の政治家《せいじか》・黒人解放運動《こくじんかいほううんどう》の指導者《しどうしゃ》）

差別《さべつ》を受《う》けていた黒人《こくじん》を解放《かいほう》するための非暴力運動《ひぼうりょくうんどう》の指導者《しどうしゃ》なのに、27年間《ねんかん》もの刑務所生活《けいむしょせいかつ》を送《おく》った。刑務所《けいむしょ》の中《なか》でもあきらめることなく、自分《じぶん》にできることに取《と》り組《く》んだマンデラの言葉《ことば》。

他人《たにん》の賞賛《しょうさん》や非難《ひなん》など一切《いっさい》気《き》にしない。自分自身《じぶんじしん》の感性《かんせい》に従《したが》うのみだ。

ヴォルフガング・アマデウス・モーツァルト
（作曲家《さっきょくか》）

音楽《おんがく》の天才《てんさい》と言《い》われたモーツァルトだからこそ、どんなときにも自分自身《じぶんじしん》を信《しん》じることの大切《たいせつ》さを教《おし》えてくれる言葉《ことば》。

どんなに苦《くる》しいことがあっても、きみにはそれを解決《かいけつ》する力《ちから》がある

アルフレッド・アドラー
（精神科医《せいしんかい》・心理学者《しんりがくしゃ》）

アドラー心理学《しんりがく》の創始者《そうししゃ》でもあるアドラーの言葉《ことば》。悩《なや》みを解決《かいけつ》するには、自分《じぶん》にはそれを乗《の》り越《こ》える力《ちから》があると思《おも》うこと。自分《じぶん》を信《しん》じることだと言《い》っている。

私《わたし》の名言《めいげん》

名前《なまえ》

テーマ・タイトル

心《こころ》に残《のこ》った言葉《ことば》や名言《めいげん》（人《ひと》の名前《なまえ》）

言葉《ことば》を選《えら》んだ理由《りゆう》・言葉《ことば》や名言《めいげん》について考《かんが》えたこと

出典《しゅってん》：本《ほん》のタイトル・著者名《ちょしゃめい》・出版社《しゅっぱんしゃ》・出版年《しゅっぱんねん》

ワークシートの記入例《きにゅうれい》

テーマやタイトルを書《か》こう

「勇気《ゆうき》をもらった言葉《ことば》」「考《かんが》えるヒントになった言葉《ことば》」など自分《じぶん》の心《こころ》に響《ひび》いた言葉《ことば》のテーマやタイトルを書《か》こう。

心《こころ》に残《のこ》った言葉《ことば》とそれを言《い》った人《ひと》の名前《なまえ》を書《か》き写《うつ》そう

今《いま》の自分《じぶん》の「心《こころ》に一番残《いちばんのこ》った言葉《ことば》」「誰《だれ》かに伝《つた》えたい言葉《ことば》」とそれを言《い》った人《ひと》の名前《なまえ》などを書《か》き写《うつ》そう。

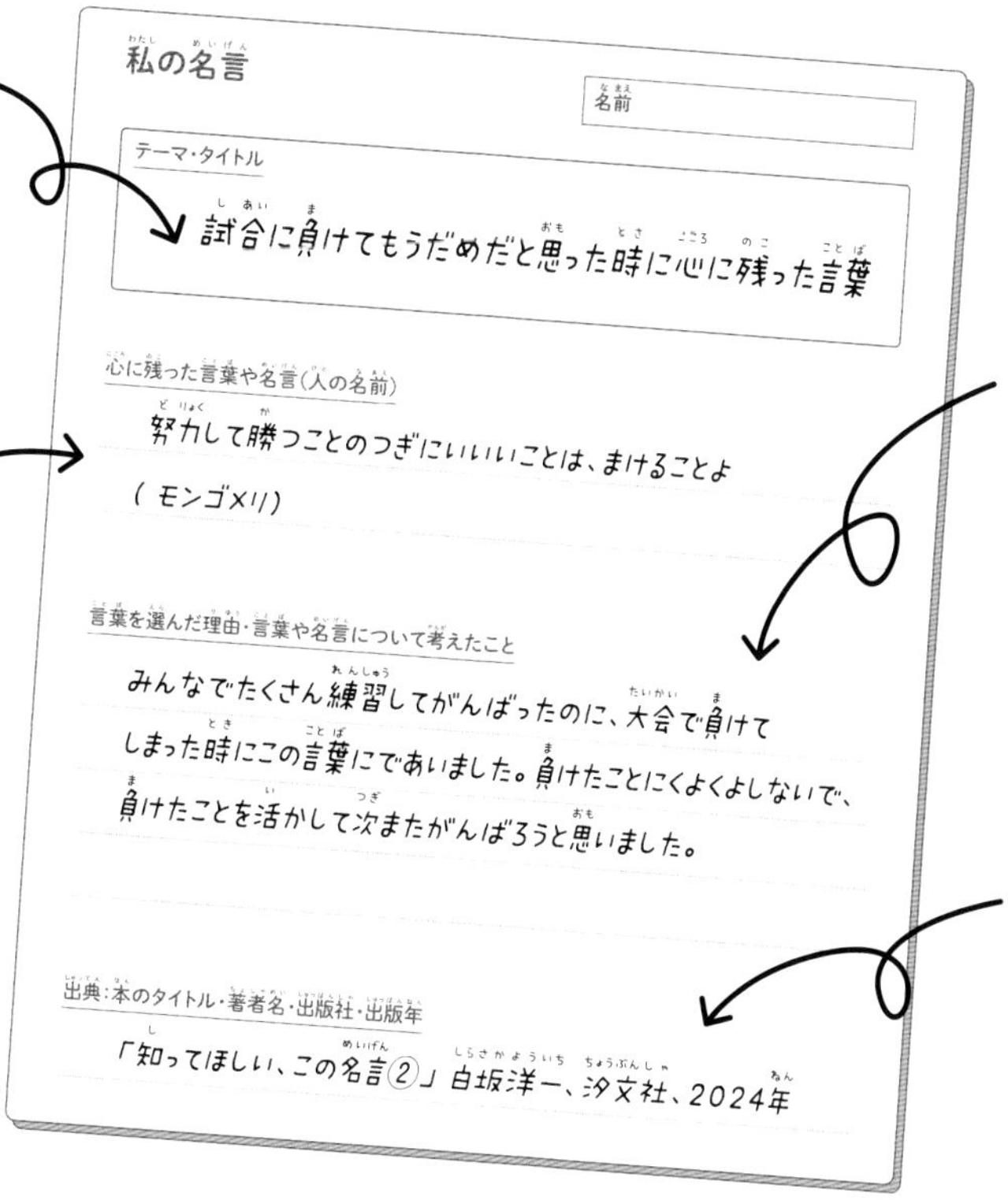

私《わたし》の名言《めいげん》
名前《なまえ》
テーマ・タイトル
試合《しあい》に負《ま》けてもうだめだと思《おも》った時《とき》に心《こころ》に残《のこ》った言葉《ことば》
心に残った言葉や名言(人の名前)
努力《どりょく》して勝《か》つことのつぎにいいことは、まけることよ
(モンゴメリ)
言葉を選んだ理由・言葉や名言について考えたこと
みんなでたくさん練習《れんしゅう》してがんばったのに、大会《たいかい》で負《ま》けてしまった時《とき》にこの言葉《ことば》にであいました。負《ま》けたことにくよくよしないで、負《ま》けたことを活《い》かして次《つぎ》またがんばろうと思《おも》いました。
出典:本のタイトル・著者名・出版社・出版年
「知《し》ってほしい、この名言《めいげん》②」白坂洋一《しらさかよういち》、汐文社《ちょうぶんしゃ》、2024年《ねん》

選《えら》んだ理由《りゆう》や考《かんが》えたことを書《か》こう

なぜその言葉《ことば》を選《えら》んだのか、その言葉《ことば》からなにを考《かんが》えたのかを書《か》いておこう。

言葉《ことば》の出典《しゅってん》を書《か》こう

本《ほん》の場合《ばあい》は本《ほん》のタイトル、インターネットで見《み》つけた場合《ばあい》はそのサイトの情報《じょうほう》を書《か》いておこう。

名言《めいげん》ブックを作《つく》ってみよう

名言《めいげん》を集《あつ》めよう

Never give in.
笑われて、笑われて、つよくなる
高く飛ぶためには
夢見る力は、才能

伝記《でんき》や、歴史上《れきしじょう》の人物《じんぶつ》の言葉《ことば》、ことわざ、四字熟語《よじじゅくご》はもちろん、物語《ものがたり》の登場人物《とうじょうじんぶつ》の言葉《ことば》やいろいろな本《ほん》、インタビューに答《こた》えている人《ひと》の言葉《ことば》など、自分《じぶん》の心《こころ》に残《のこ》った言葉《ことば》をどんどん集《あつ》めよう。

ワークシートやノートに書《か》こう

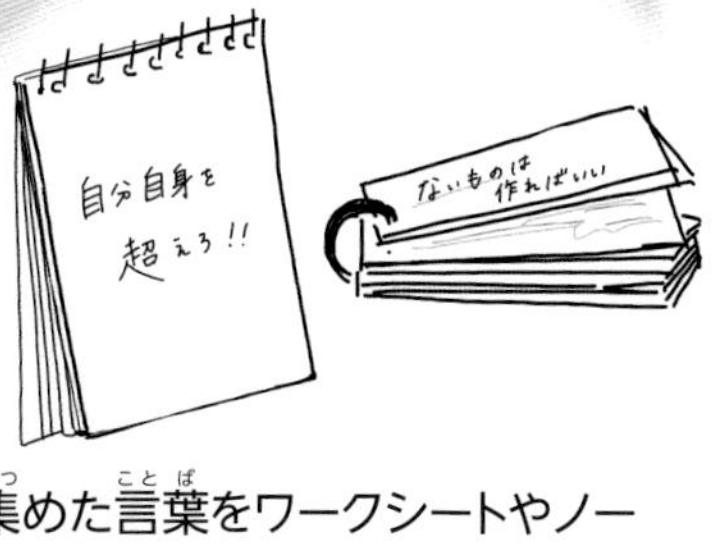

自分自身を超えろ!!
ないものは作ればいい

集《あつ》めた言葉《ことば》をワークシートやノートなどに書《か》き写《うつ》して、それをためていこう。

まとめよう

私の
名言BOOK

書《か》きためたものをひとつにまとめよう。集《あつ》めた日付《ひづけ》の順番《じゅんばん》にしたり、同《おな》じようなテーマのもので集《あつ》めたりするのもよいだろう。

監修／

白坂洋一

（しらさか　よういち）

筑波大学附属小学校国語科教諭。鹿児島県出身。鹿児島県公立小学校教諭を経て、現職。国語教科書編集委員。『例解学習漢字辞典［第九版］』（小学館）編集委員。著書・監修に『アイデアいっぱい！標語をつくろう』（汐文社）、『子どもを読書好きにするために親ができること』（小学館）、『子どもの思考が動き出す 国語授業4つの発問』（東洋館出版社）など多数。

編集・制作／（株）ナイスク https://naisg.com/ 松尾里央・高作真紀・北橋朝子・村山裕哉
執筆協力／なかにしスキー塾
イラスト／あわい
デザイン・DTP／FLAMINGO STUDIO, INC. 井上勝啓

【参考文献】
『渋沢栄一訓言集』（渋沢栄一著、渋沢青淵記念財団竜門社編、国書刊行会）、
「ふるさと復興キャンペーン」にて寄稿した詩『希望』（新潟日報）、
『チャーチル名言録』（中西輝政 監訳、扶桑社）、
『やめる勇気、やり遂げる心』（三浦雄一郎 著、PHP研究所）、
『哲学大図鑑』（ウィル・バッキンガムほか著、小須田健訳、三省堂）ほか

知《し》ってほしい、この名言《めいげん》　～大切《たいせつ》にしたい言葉《ことば》～
②ピンチをチャンスに変《か》える名言《めいげん》

2024年３月　初版第1刷発行

監修　白坂洋一
発行者　三谷　光
発行所　株式会社 汐文社
〒102-0071　東京都千代田区富士見1-6-1
TEL 03-6862-5200　FAX 03-6862-5202
https://www.choubunsha.com
印刷　新星社西川印刷株式会社
製本　東京美術紙工協業組合

ISBN　978-4-8113-3065-5　　NDC159
